MÉMOIRE

HISTORIQUE & CRITIQUE

SUR LA

GÉNÉALOGIE

DE LA

MAISON

DE

LORRAINE.

Par l'Auteur de la Méthode d'un Thermomètre universel.

BERNE.

Imprimé chez DAN. BROUNNER & ALB. HALLER. 1764.

Mémoire hiſtorique & critique

ſur la
GENEALOGIE de la MAISON
de
LORRAINE.

Après avoir examiné les différentes Généalogies de la Maiſon de Lorraine, raportées par Dom Calmet dans ſa derniére Hiſtoire de Lorraine Tome I. Il m'a paru, qu'autant que la deſcendance de cette maiſon, depuis GERARD d'ALSACE III. du nom, fait Duc de Lorraine en 1048. étoit bien prouvée juſques à nos jours, ſoit par Dom Calmet, ſoit par les Péres Benoit, Vignier, Eckard & diverſes autres, autant elle étoit mal prouvée par les mémes au deſſus d'EBERHARD, Landgrave d'Alſace, Biſayeul de Gerard, lequel ils

A 2   recon-

reconnoiſſent tous de même que nous pour être le premier fondateur de l'Abaye d'Altorf en 960.

Car ils ſuppoſent cet EBERHARD être le fils d'un Hugues, époux d'Hildégarde, & Comte de Ferrete, lequel laiſſa, diſent-ils, trois fils, ſavoir : 1) Cet EBERHARD, tige de la Maiſon de Lorraine. 2) HUGUES, tige de la Maiſon d'Egisheim, Grand-Pére du Pape Leon IX., & 3) GONTRAM LE RICHE, tige de la Maiſon d'Habsbourg-Autriche. Or il eſt clair par des mémoires de l'Abaye d'Altorf, raporté au Tome V. de *Gallia chriſtiana*, que la fondation de cette Abaye fut faite par ce Comte Eberhard environ l'an 960, que l'Egliſe en fut conſacrée l'an 966, & que les ſucceſſeurs de cet Eberhard à ſes biens d'Alſace accrurent cette fondation par divers dons ; ſavoir peut-être un Hugues ſon fils, mort ſans poſtérité, mais ſûrement un Hugues, qui fut Pére du Pape Léon IX. Car pour ce qui eſt de Gerard & d'Adelbert, Oncles de cet Hugues, ils avoient eu leur part de ſucceſſion ailleurs.

Il ne paroît point non-plus que cet EBERHARD ait eû un frére du nom d'Hugues, quoiqu'il ait pû avoir un fils de ce nom, qui mourut ſans poſtérité, comme je l'ai dit. Et ainſi cet HUGUES de Ferrete, frére d'EBERHARD, prétendüe

tige

tïge de la Maiſon d'Egisheim n'a jamais exiſté, & n'a pas pû même exiſter ; puiſque nous prouverons clairement par de bons titres, que cette Maiſon d'Egisheim tire ſon origine *rectà* de cet EBERHARD, fondateur d'Altorf, & non pas d'aucun frére dudit EBERHARD ; & de plus, que le Grand-Pére du Pape Léon ne s'appelloit pas Hugues, mais bien Louis, ſuivant le raport de Jean de Bayone, qui le qualifie : *Ludovicus, Comes de Daborch, Avus ſancti Brunonis :* Or Brunon & Léon ſont *unum & idem.*

ENFIN pour ce qui concerne GONTRAM LE RICHE, ou plutôt le PAUVRE : attendu que ſes biens furent confisqués par l'Empereur Othon I., pour cauſe de rébellion. Vignier accuſe ſa mort naturelle en l'année 946. (*), ce qui le rend contemporain du Pére dudit Eberhard, & qui par conſéquent l'exclut pour être le cadet de cet Eberhard.

DAILLEURS on voit bien par l'accuſation des biens de Gontram à *Lielahe* & à *Aſchinza,* qui furent confisqués en cette occaſion par Othon I., qu'ils n'étoient pas bien conſidérables, & par conſéquent que ledit Gontram pourroit être quelque

A 3 cadet

(*) Il commandoit (dit Gulliman page 110.) deux cent chevaux à la bataille de Mersbourg en 922.

cadet de race Noble, qui entendoit bien le métier de la guerre, & qui y dreſſat bien ſon fils Lancelin, & celui-ci Verner
& Radboton ſes fils; de ſorte que Verner ayant acquis l'Evêché de Strasbourg, il enrichit par ce moyen Radboton des
biens de cette Egliſe: ce qui joint avec la prudence, avec la
valeur, & avec la fortune, aggrandit ainſi ſa poſtérité.

De plus on obſerve dans cette idée d'origine commune
des Maiſons de Lorraine, d'Egisheim & d'Hapsbourg-Autriche,
laquelle ces Meſſieurs font venir de l'ancienne Maiſon d'Alſace,
que cette maiſon fut éteinte en Alſace en 926. dans la perſonne de Luitfrid IV.; & d'ailleurs qu'il ſe trouve un vuide
dans cette Généalogie, qui n'eſt point rempli, ſavoir depuis
l'an 750. juſqu'en 869, ce qui fait un deffaut ſi eſſentiel,
qu'elle ne meriteroit pas que l'on entreprit de la refuter, ſi
quantité d'Auteurs célébres ne l'avoient pas adoptée. On peut
même ajouter, qu'elle tombe dans le ridicule, puiſqu'elle ſuppoſe l'EBERHARD, dont il s'agit, fait Moine à Lure un peu
avant ſa mort, & par conſéquent enterré à Lure, dans le tems
que Dom Calmet lui-même nous apprend (Généalogie d'Egisheim), qu'il eſt enterré dans l'Egliſe d'Altorf *in ſummo Choro.*

Il faut donc rejetter d'abord cette prétendue origine commune

mune de Lorraine & d'Autriche comme fabuleuſe, & convenir enſuite que celle de *Dachsbourg* ou *d'Egisheim*, vient d'Eberhard *recta*, & non pas d'aucun frére dudit Eberhard. On va le prouver.

WIPPON, Aumônier de l'Empereur Conrad le Salique, témoigne dans la vie de cet Empereur, que Hugues d'Egisheim, Pére du Pape Léon, étoit le couſin conſanguin de cet Empereur. *Erneſtus*, dit-il, *Dux Allemanniæ privignus Imperatoris Conradi, caſtra Hugonis Comitis, qui erat conſanguineus Imperatoris deſolavit.* Dailleurs Wibert, Archidiacre de Toul, qui a écrit la vie du Pape Brunon, dit : *Pater Brunonis natione Teutonicus Imperatoris Conradi conſobrinus.* Alberich dit encore : *Item Hugo Comes de Dachsburg, Pater ſancti Leonis Papæ & Imperator iſte Conradus fuerunt conſobrini.* De plus l'Archidiacre Wibert cite au Chap. IX. *Vita Leonis*, un extrait de lettre de l'Empereur Conrad à Brunon, en ces termes : *De noſtri autem conſilii & juvaminis ſolativo quantum libet illud ſit, ne fias ullo modo dubius, quia ſuper omnes tui ordinis de tua re proſperanda ſemper ero ſollicitus, quem nobis commendat & indefeſſus labor fidelis erga nos ſerviminis, & conſanguineus invicem affectus Avitæ propinquitatis.*

Or

Or il resulté de ces extraits deux faits qui se démontrent dans la Table généalogique, le premier : que Conrad le Sali-que étoit Cousin-germain par les femmes de Hugues, Pére du Pape Léon; & le second : que ledit Conrad étoit de plus con-sanguin par les mâles avec le Pape Léon, au terme, que leurs Grand-Péres étoient Cousins-germains; car ces mots d'*Avita propinguitatis* me paroissent signifier cela, puisque s'ils eussent été d'un degré plus proche, il auroit dit : *Avita fraternitatis*, ce qu'il n'a pas dit, & s'ils eussent été d'un degré plus loin, ils n'auroient pas été alors aussi proches, qu'ils devoient l'être suivant ces paroles. Donc ils descendoient ainsi l'un & l'autre au même degré par les mâles d'un Trisayeul commun; de sorte que si nous faisons voir comment s'appelloit le Trisayeul de l'un, nous ferons voir dans le même tems comment s'appelloit le Trisayeul de l'autre, puisquils sont en ce cas *unum & idem*.

Or Conrad le Salique étoit fils d'Henri Duc de Franconie, & Henri étoit fils d'Othon, & Othon étoit fils de Conrad le Sage, quoique *peu sensé* : Ce qui a été la cause apparement, que Wippon a terminé sa généalogie à Othon, pour ne pas donner prise à la critique sur ce degré de la famille Impériale s'il remontoit plus haut.

Ainsi

Ainsi pour éclaircir ce point hiſtorique, (ce qui eſt néceſ-
ſaire pour l'intelligence de cette généalogie), il faut ſavoir, que
ce Conrad ne fut nommé *le Sage*, que par les Partiſans d'O-
thon, leſquels le lui donnérent pour faire croire au monde,
qu'Othon étoit un Prince juſte dans cette guerre de Lorraine,
où il avoit été abandonné par tous ſes Evêques en 939, puiſ-
qué dans le tems même, ce Conrad tenoit ſon parti contre
ſon propre ſang, & contre ſon Pays.

En effet ce Conrad commandoit pour lors l'un des deux
corps de l'armée d'Othon, qui attaquérent l'armée de Lorraine
proche d'Andernach, laquelle avoit pour Chefs Théodoric Eberhard, le propre Pére de Conrad qui y fut tué, & Giſlibert
(ou Giſalbert), Oncle de Conrad, qui y fut noyé, & con-
jointement avec eux une très-grande quantité de Franconiens,
d'Alſatiens & de Lorrains qui y périrent, ce qui fit haïr ce
Conrad par tous les Lorrains, dont il devint le Duc en 943,
& haïr encore par la ſuite de l'Empereur (dit autrement le Roy),
parce qu'il étoit devenu puiſſant &c., ce que les Lorrains ayant
aperçu en 953, ils ameutérent alors contre lui les armes à la
main, & quoiqu'il fit en cette occaſion des prodiges de valeur pour leur reſiſter, ils s'opiniatrérent ſi fort au combat,
qu'ils le forcérent à ſe retirer à Mayence, ou l'Empereur vint

B

l'aſſiéger

l'affiéger lui-même, & cela fi injuftement, que fa propre armée l'abandonnat après deux mois de fiège; & malgré cela
cependant ce Conrad fut par la fuite obligé de fe foumettre
à la difcretion de cet Empereur, qui le haïffoit à la mort, &
qui ne l'aidat point pour rentrer en poffeffion de la Lorraine,
n'y même Othon fon fils après lui, quoique Conrad l'eut aidé
depuis, on ne peut pas mieux contre les Hongrois, puifqu'il fut la principale caufe du gain de la bataille qu'obtint
contr'eux l'Empereur en 9 5 5 , & à la fin de laquelle Conrad
forcé par la fatigue & par la chaleur ôtat fa cuiraffe, & dans
ce moment fut percé d'un coup de fléche, qui le fit périr.
Ce qui fait voir manifeftement d'un côté l'injuftice & l'ingra-
titude de cet Empereur, & de l'autre le peu de fens de
Conrad. Mais comme ce détail, que je viens de faire, pourroit paroître trop abregé pour pouvoir bien juger d'une affaire fi fort importante; c'eft pourquoi il me paroît convena-
ble d'en parler ici plus au long, & de reprendre pour cet
effet l'hiftoire de plus loin, afin de connoître ainfi d'autant
mieux le tort ou le droit des uns & des autres.

C'EST un fait qui n'eft pas douteux, qu'après l'extinction
de la race de Charlemagne en Germanie, par la mort de Louis

IV.

Louis IV, dernier Empereur en 911, cet Empire n'avoit aucun droit, ni fur la Lorraine, ni fur l'Alface, témoin Strasbourg, puifque cette Republique avoit confervé depuis lors jufqu'en 1681. fon indépendance.

Malgre' ce deffaut de droit néanmoins Conrad I., fucceffeur de Louis, s'empara de la Lorraine & de l'Alface à main armée en 912; mais il fut obligé peu de tems après d'en déguerpir. Et Charles le Simple Roi de France fût reçu par degrez dans tout le Royaume de Lorraine depuis 912. jufqu'en 916, qu'il poffeda tout.

Henri, Succeffeur de Conrad, étant fort occupé avec les Hongrois, ne fongeat pendant les premiéres années de fon règne qu'à fe guarentir du côté de la France, & fit pour cet effet en 921, avec Charles le Simple, le traité de Bonne; où l'on voit que le Rhin fervoit de limite commune entre les deux états, à l'exception de l'enclave de Vorms & de Mayence, qui dépendoit d'Henri.

Ensuite Charles le Simple ayant été fait prifonnier par fes fujets, & mis par conféquent hors d'état de régir les Lorrains, Henri crût devoir profiter de cette conjonĉture, (c'é-

toit

toit environ l'an 925), pour s'emparer de l'Alsace & de la Lorraine, non point par les armes, mais bien par des intrigues, en gagnant pour cet effet les plus puissans du pays, par leur interêt. *Judicavit quidem* (dit Witikhing) *abstinere ab armis contra Lothardos, verum potius speravit arte superaturos, quia gens varia erat & artibus assueta, bellis promta, mobilisque ad rerum novitates.*

EBERHARD, Comte Palatin du Rhin &c. frére cadet du défunt Roi Conrad I. fut par Henri envoyé en Lorraine pour cette négociation en 926, quoique fort âgé, sous pretexte d'y faire justice (*Justitia faciendi causa*, dit Flodoard) mais dans le fonds pour exécuter un semblable projet; & comme il avoit précédemment marié sa fille Mathilde avec le Comte Theodoric, frére de Gislibert. (Hubner l'a supposé mariée avec son frére Raginer Tab. 136, mais apparemment par méprise, puisque Théodoric étant héritier, comme il le suppose Tab. 279. du chef de son pére du Duché d'Alsace, ce mariage avoit eû donc lieu avec lui pour raison de convenance, plutôt qu'avec Raginer) d'ailleurs la succession aux biens d'Eberhard, après son decès, par Theodoric recueillie, confirme le fait: & par conséquent Eberhard avoit ainsi bien des facilités pour gagner les plus puissans du pays.

Or de ce rang étoit encore une autre branche de la famille des Comtes de Metz, dont Gérard, l'un des fréres, avoit
épousé la Reine, veuve de Zwentibold, laquelle possedoit sans
doute de grands biens en Lorraine, & dont Hermann, qui
en étoit issu, se trouvoit capable d'être fait Duc de Souabe
par son mariage avec Thietberge, veuve du Duc Burchard,
lequel étoit mort depuis peu; mariage qui fut sans doute conclu en 926. par l'intremise d'Eberhard, qui assura d'ailleurs
dans le même tems toute sa succession à Théodoric, sous la
condition de prendre le nom d'Eberhard, afin de rendre ainsi
aux yeux des gens cette succession d'autant plus naturelle.

Et pour couvrir d'autant mieux le dessein qui avoit été
concerté sans doute longtems auparavant entre Henri & Gislibert, d'épouser par celui-ci sa fille Gerberte, lorsqu'elle seroit
nubile: il fut apparemment resolu qu'un nommé Christian enle-
veroit Gislibert, & le conduiroit en Saxe pour ce mariage;
ce qui fut ainsi exécuté en 927.

Mais tout cela n'étoit pas suffisant encore pour gagner
tout le reste des principaux de la nation, de sorte, que le
vieux Eberhard étant venu à mourir sur ces entrefaites, Henri

se

ſe trouva obligé de venir lui-même en Lorraine pour achever l'ouvrage; ce qu'il fit en 931, & encore en 932, rendant pour lors viſite à tous les Comtes & à tous les Evêques du pays, qui le regalérent chez eux, & qu'il regala à ſon tour. Au moyen de celà il aſſura l'Empire dans ſa famille, & réunit à titre de fief & ſous les conditions les plus douces & les plus avantageuſes pour les uns & les autres, la Lorraine & l'Alſace à la Germanie; ce qui lui fit donner le nom d'Oiſeleur.

Il n'y eut en effet point de difficulté après la mort d'Henri en 936. pour la ſucceſſion à l'Empire en faveur de ſon fils Othon, car l'élection en ayant été déterminée à Aix-la-Chapelle, qui ſe trouvoit être du Duché de Lorraine, regi par Gislibert, & le Duché de Souabe l'étant par Hermann, fils de Gerard Lorrain, & celui de Franconie, de Vorms & d'Alſace, par Théodoric-Eberhard, & celui de Bavière, par Arnolphe, bon ami d'Henri. L'Election d'Othon n'y ſouffrit donc aucune contradiction, de ſorte, que s'étant fait ſacrer & couronner, ce que n'avoit pas fait ſon Pére, il ſe crut apparemment dès lors diſpenſé de faire juſtice autrement qu'à ſon bon plaiſir; puiſqu'il ne s'eſtimoit plus dès lors comptable qu'à Dieu ſeul de ſes actions.

Ses

SES fujets Saxons avoient confervé contre les Franconiens un levain de jaloufie, qui n'étoit point éteint, & ils croyoient d'ailleurs qu'ayant un Roi de leur nation, qui avoit tout pouvoir, ils pouvoient méprifer les engagemens qu'ils avoient dans d'autres pays, ce qui fit, que des gens d'Elvery, fujets de Bruninguen, Vaffal du Duc Henri, frére du Roi Othon, ayant commis diverfes iniquités contre des vaffaux de Théodoric-Eberhard, dont il ne pût apparemment pas avoir de juftice d'Henri, il leur confeilla & les aïda pour fe procurer euxmêmes juftice, ce qu'ils firent en paffant au fil de l'épée les gens d'Elvery. Or le Roi étant informé & prévenu fans doute par Henri fur ce fait, il condamna Eberhard à 100. talens d'amende, & tous les Capitaines, qui avoient affifté à cette expédition, à porter un chien fur leurs epaules jufqu'à Magdebourg; mais le Duc Eberhard non plus que fes Capitaines ne voulant pas acquiefcer à cette fentence, la guerre fe continua entr'eux & les Saxons par quantité de meurtres & d'incendies. Voici ce que dit là-deffus Witikind:

Saxones imperio Regis facti gloriofi dedignabantur aliis fervire nationibus, quæfturasque quas habere ullus alius, nifi folius Regis gratia habere contemferunt. Unde iratus Everhardus contra

tra

tra Bruningum, collecta manu fuccendio tradidit civitatem. illius vocabulo Elveri, interfectis omnibus ejufdem civitatis habitatoribus. Qua præfumtione Rex audita condemnavit Everhardum centum talentis æftimatione æquorum, omnesque Principes militum, qui eum ad hoc facinus adjuvabant, dedecore canum quos portabant ufque ad urbem regiam quam vocitamus Magadeburg. -- Diffentio autem quæ facta eft inter Everhardum & Bruningum ad hoc pervenit, ut cædes publicæ fierent, depopulationesque agrorum agerentur, & ab incendiis nufquam abftinerent.

Dans le même tems le Comte Siffrid étant mort & Tankmar, frére aîné d'Othon, ayant prétendu à fon héritage comme fon plus proche parent, & revendiqué de plus les biens de fa propre mére, Othon ne lui voulut adjuger ni l'un ni l'autre, & difpofa de ces biens en faveur du Comte Geron, ce qui fit que Tankmar affembla du monde, & fe joignit au Duc Eberhard, qui en avoit auffi raffemblé de fon côté pour faire la guerre à Henri, quoique foutenu par fon frére Othon, & ils firent ainfi de concert le fiège de Badiliki, où Henri faifoit fa demeure, & l'ayant emporté d'affaut, Henri s'y trouva pris prifonnier, & adjugé à Eberhard, qui l'emmena & l'enferma dans une de ces places fortes, tandis que Tankmar pouffa

fa

fa pointe, & s'empara encore d'Heresbourg, où il établit fa réfidence, & mit une forte garnifon, envoyant des partis de côté & d'autre pour tirer des contributions en forme de dédomagement. Witichind obferve, que ce Tankmar étoit doüé d'un efprit pénétrant, & d'un jugement prompt & expérimenté dans l'art militaire. Que fa mére étoit noble & riche en poffeffions, ce qui avoit été la caufe apparemment que fon Pére l'avoit époufée, & ne l'avoit par conféquent point tirée d'un couvent, malgré fes vœux, comme l'ont debité plufieurs pour denigrer Tankmar, puifque Witichind n'en dit rien, & qu'on ne cloître pas d'ailleurs ordinairement les filles bien riches.

Ainsi ce Tankmar avoit droit de pretendre à l'Empire encore mieux qu'Othon, puifqu'il étoit l'aîné, & de bonne race, & favorifé par l'un des principaux Electeurs de l'Empire, au lieu qu'Othon ne favoit pas même alors lire, car il ne l'apprit qu'après la mort de fa première femme en 947, & il n'avoit eû d'ailleurs précédemment pour fon élection à l'Empire que des nouveaux membres Electeurs, & non point quantité d'anciens, qui n'y avoient pas concouru, tels qu'étoient les Ducs de Bohème, de Moravie, d'Autriche, de Tyrol, d'Iftrie & de Carinthie, & peut-être encore une fort grande

C

quan-

quantité d'Evêques, de forte, qu'ayant ainfi tout fujet de crain-
dre, il raffembla bien diligemment une forte armée, en quoi
il fut apparemment fecondé par Uthon, frére d'Herman, Duc
de Souabe, parce qu'il avoit eû le malheur de perdre fon fils
aîné Gerard, qui avoit été tué à la prife de Badiliky, ce qui
l'avoit indispofé contre le Duc Eberhard, fans que nous en
fachions la raifon, fait fur quoi Witichind fe tait, difant feulement: *Ob cujus necem Deo omnia ordinante Duces Francorum
inter fe funt divifi.*

QUOIQU'IL en foit, le Roi Othon s'étant préfenté devant
Heresbourg avec fon armée, les gens de la ville lui ouvrirent
les portes, & l'armée étant entrée dedans, Tankmar fe refu-
gia dans l'Eglife de St. Pierre, dont il ferma les portes, dé-
pôfat fon collier d'or & fes armes fur l'Autel: mais les foldats
d'Othon & d'Henri ayant brifé ces portes, & penetré dans
l'Eglife, ils attaquérent Tankmar proche de l'Autel, & d'autres
ayant efcaladé les fenêtres par le dehors, & les ayant ouver-
tes, ils tuérent Tankmar à coups de lance, ce qu'Othon (dit
Witichind,) ne pût pas empêcher, parce qu'il n'y étoit pas;
mais il déplora en peu de mots la mauvaife fortune de fon
frére, & déployat fa clémence en cette occafion, où il fe con-
tenta

tenta d'ordonner, que l'on étrangla feulement Theodoric & trois de fes neveux, qui avoient pris le parti de Tankmar.

Le Duc Eberhard, dit Witichind, ayant appris cet echec fe jetta aux genoux d'Henri fon prifonnier, & lui demanda pardon pour toute la querelle, qui avoit occafioné la guerre, laquelle il prétendoit le regarder lui feul & non pas le Roi, & Henri le lui accorda fous la condition fecréte, qu'il l'aideroit pour le faire Rōi à la place de fon frére Othon, s'il étoit poffible, ce qu'Eberhard lui promît; & moyennant celà la paix étant faite entr'eux, Fréderic, Archevêque de Mayence, prévint le Roi fur ce fujet, & conclut avec lui, qu'il enverroit feulement pour la forme Eberhard en exil pour quelques jours, après quoi il feroit retabli dans tout. Eberhard vint donc fe préfenter au Roi pour acquiefcer à cette fentence, de même qu'Henri, frére d'Othon, lequel declara qu'il étoit content. Or peu après Henri fit un grand feftin à Slarendon, où il fortifia beaucoup fa faction, & conclut avec fes principaux affidés qu'ils garderoient fes places en Saxe, tandis que de fon côté il s'en iroit en Lorraine avec le Duc Eberhard pour y joindre le Duc Gislibert, & former une armée, avec laquelle ils fairoient tête à Othon, puifqu'il ne manqueroit pas de l'y pourfuivre & d'attaquer Gislibert.

C 2

Peu

Peu après donc Henri s'étant evadé, & ayant joint en Lorraine les Ducs Gislibert & Eberhard, & Othon en étant informé, il crut devoir les y pourfuivre avec fon armée, mais les autres en étant avertis, lui vinrent au-devant pour lui disputer le paſſage du Rhin : Or Othon les ayant prevenus, & l'ayant paſſé en partie, il leur fit ainſi recevoir un petit echec. Echec qui obligeat Henri de retourner en Saxe, où il parvint heureuſement lui neuviéme, ce qui neceſſita Othon d'y revenir auſſi, parce qu'il étoit attaqué par les Danois & les Slaves, & d'y conclure avec Henri un traité pour qu'il pût ſe retirer librement en Lorraine, ou il rejoignit Gislibert.

Ensuite le Roi Othon étant revenu en Lorraine avec une plus forte armée, & ayant ſaccagé & brûlé tout le pays, & Gislibert s'étant retiré à Chievremont, Othon l'y aſſiégea, mais s'en étant évadé, & les attaques n'avançeant point à cauſe des difficultés du lieu, Othon leva le ſiège, & entreprit celui de Brifach, parce que la garniſon faiſoit des courſes dans ſon pays, qui l'incommodoient fort : Or ne pouvant non plus venir à bout de prendre cette place, qui étoit ſituée ſur un mont au milieu du Rhin, qui couloit autour, & tous les Evêques, qui l'avoient accompagné à ce ſiège, ayant deſerté de ſon camp pendant la nuit à la ſourdine, excepté le ſeul Archevêque

chevêque de Mayence Fréderic, Othon envoya celui-ci à Eberhard pour conclure avec lui la paix; ce qu'ayant fait & conclu même avec serment, & raporté enfuite à Othon, Othon
n'y voulut pas acquiefcer : alors cet Archevêque prit auffi le
parti d'imiter les autres Evêques, qui avoient abandonné Othon,
& de fe retirer à Metz; mais ayant appris en chemin la perte
de la bataille d'Andernach, & la mort de fes deux fréres Gislibert & Théodoric-Eberhard en cette occafion, il fe trouva
pour lors fort embaraffé, & voulant retourner à Mayence, il
fut arrêté par des Partifans d'Othon, & conduit en exil à Fulde.

Ce combat d'Andernach avoit été des plus fanglans. Les
Impériaux étoient commandés par Udon & par Conrad le Sage :
Ce dernier étoit le propre fils aîné de Théodoric-Eberhard,
& le neveu de Gislibert, l'autre étoit le coufin iffu de germain confanguin de Conrad. Ils avoient apparemment abandonné le parti de Théodoric-Eberhard, & pris celui de l'Empereur à l'occafion de l'affaire fusmentionée à Badiliky.

Les Lorrains étoient commandés par les deux fréres Gislibert, Duc de Lorraine, & Théodoric-Eberhard, Duc d'Alface & de Franconie &c. Le dernier fut tué dans le combat,
& l'autre noyé dans le Rhin, en voulant fe fauver.

C 3

La

La relation françoife, (raportée par l'Abé d'Urfperg) de cette bataille, dit, que l'Armée Lorraine ne favoit rien de la mort de fes deux Chefs, & combattit encore longtems après, ce qui fit, que la boucherie fut terrible de part & d'autre. Witichind le fuppofe à peu près ainfi : & le cas d'une armée telle qu'étoit la Lorraine fans aucune retraite le fuppofe de même ; ainfi quoiqu'Othon fût victorieux en cette occafion, il fût néanmoins, obligé de lever le fiège de Brifach, & de prendre des quartiers d'hyver dans la Franconie, dont il s'empara. *Interea Rex Alfatiam deferens Franciam occupabat*, dit l'Abé d'Urfperg.

Pendant l'hyver fuivant, Othon fe fervit apparemment d'Immon, Lorrain, homme très-fin, qu'il avoit fû engager à fon fervice, pour traiter de la paix avec Adelberon, Evêque de Metz, qui étoit devenu le Chef du parti Lorrain, & qui ayant raffemblé à Metz une forte armé, fe trouvoit en état de faire tête à Othon. Othon étoit d'ailleurs menacé d'une nouvelle guerre avec les Barbares ; & cet Adalberon étoit un homme d'un grand genie & d'un grand courage, puifque Sigebert dit de lui, qu'il étoit *Nobilium Chriftianiffimus & Chriftianorum nobiliffimus.* Or il s'agiffoit alors de pourvoir en

Lorraine

Lorraine à la tutelle du jeune Henri, fils de Gislibert, qui étoit le neveu d'Othon. Ainsi tout se regla apparemment par un traité qui porta :

I. Que cette tutelle seroit exercée par Othon, frére de Gislibert déffunt. II. Que les Lorrains se soumettroient à l'Empereur sur le pied précédent, en gardant par eux-mêmes les pays & les lieux dont ils étoient en possession ; ce qui fait dire à Witichind : *Nepotes quoque Giselberti servituti Regia se subjiciebant urbibus quas tenebant nihilominus retentis.* III. Que les fils mineurs de Theodoric-Eberhard & leurs biens resteroient sous la tutelle de l'Evêque de Metz, qui commettroit à la garde de Brisach, & à l'exercice du Landgraviat d'Alsace & aux autres Seigneuries des mineurs, des personnes capables de les bien régir. IV. Que Conrad le Sage, leur aîné, auroit pour sa part les Duchés de Franconie, de Worms, & le Palatinat du Rhin. V. Que le Comté de Metz seroit à la nomination de l'Evêquede Metz.

ENSUITE il est à remarquer, que malgré cette paix supposée sous ces conditions, vérifiées par les faits postérieurs en conformité, Othon, par une insigne fourberie, fit enlever Anfred & Arnold, deux Comtes Lorrains, qui commandoient

dans

dans Chievremont; ce qui fait dire à Witichind, faifant parler le fourbe : *Quando vos armis circumdederunt num victoria
lætati funt ? Victoribus certè turpe eft fervire* ; à quoi, fi l'on
ajoute, ce qu'il dit encore au fujet de Brunon, frére de l'Empereur Othon : *Quem cum Rex præfeciffet genti indomitæ Lo-
thariorum.* On conçevra fans peine que le traité, qui fût
fait alors, dût laiffer aux Lorrains toute la liberté dont ils
pouvoient jouïr, & par conféquent que la fourberie d'Immon,
Commis d'Othon, pour s'emparer apparemment de Chievremont, s'il l'eût pu prendre de cette façon, ce que Witichind
ne dit point, devoit couvrir de honte le Roi, s'il ne rendoit
pas la liberté à Anfred & Arnold, ce qu'il fut donc apparemment enfuite néceffité de faire, & qu'il accompagna pour lors
de beaucoup de careffes, afin de les gagner du moins de cette
façon. *Quos cum Rex fuscepiffet aliquando tempore cuftodia man-
cipatione caftigavit* (dit Witichind), *poftea fuæ gratiæ lenitate
fibi affocians in pace dimifit.*

D'AILLEURS fon principal miniftre le Comte Geron étoit
un méchant du premier ordre, car dans la vûe d'opprimer
les prétendus barbares voifins de la Saxe, en les dépouillant
de leurs principaux Conducteurs, il en invita une trentaine à

fa

fa table, lesquels s'y rendirent, & après les avoir bien enyvrés, il les fit tous égorger, fous pretexte, dit-il, pour excufer une action fi noire, qu'ils avoient médité fa ruine. Mais cet affaffinat bien loin de prévenir la guerre, l'alluma au contraire le plus vivement, & fut caufe que l'argent manquant à Géron pour foldoyer l'armée, les foldats fe foulevérent contre lui, & portérent leurs plaintes au Roi, qui n'ayant pas voulu les écouter, ils refolurent entr'eux de poignarder le Roi dans fon palais, le jour de Pâques prochain, de mettre Henri fon frére à fa place, & de lui envoyer des Députés pour l'informer de leur deffein.

Henri ayant reçu gracieufement ces Deputés, approuva leur deffein, & leur fit des préfens. Il s'affura de plus, de prefque tous les foldats orientaux. Ce dont le Roi étant informé peu de jours avant Pâques, il raffembla autour de lui, jour & nuit, tout autant de fidèles foldats qu'il put trouver; en quoi il fut fort fecondé par Herman, Duc de Souabe, par Uthon, fon frére, & par Conrad le Sage; de forte qu'il parût en public, le jour de la folemnité de Pâques, avec une garde affez forte pour en impofer aux conjurés, qui n'oférent pas l'attaquer. Ce qui ayant encouragé fes partifans, ils attaquérent le lendemain Erich, l'un des principaux du parti

D

con-

contraire, qui étoit un très-brave & très-honnête Homme, afin
de l'enlever.   Eric s'étant deffendu de son mieux, & ayant
été tué, sa mort mit son parti en déroute, & fit que les O-
thoniens en arrêtérent quantité, lesquels on fit mourir la se-
maine suivante.

Apparement qu'Henri avoit eu la précaution de s'en-
fuir de bonne heure jusques hors du Royaume, mais sa femme,
qui avoit un courage viril, & qui étoit la niéce du Duc de
Bavière, qui venoit de mourir, étant restée à la cour, elle
sçut si bien se prévaloir des circonstances, & faire envisager
peu après, à Othon, par l'organe de sa mére, qu'il lui con-
venoit de faire la paix avec Henri, & de lui donner pour cet
effet le Duché de Bavière, qu'Othon accepta cet expédient,
& fit ainsi la paix avec son frére.

Environ ce tems-là Othon, Régent de Lorraine, &
Henri son Pupille, étant morts tous deux, le Roi ne put pas
refuser à Conrad le Sage l'investiture du Duché, puisqu'il étoit
le plus proche héritier consanguin d'Henri, & il lui donna
pour lors pour femme, sa fille Luitgarde. Il declara de plus
son fils Lidolfe pour son successeur à l'Empire, & le maria

avec

avec Ida, fille d'Herman, Duc de Souabe, qui l'inftitua pour fon héritier adoptif, & mourut peu après. Enfuite l'Empereur s'étant remarié en Italie avec Adelayde, Reine de Lombardie, cette femme prit fur lui un tel afcendant, que les courtifans jugérent de-là, que Lidolfe feroit fupplanté dans la fucceffion à l'Empire par un fils de cette Adelayde; ce qui fit que Li-dolfe fongea dès lors à prendre des méfures pour deffendre fon droit dans un pareil cas, avec l'approbation de fon beaufrére Conrad.

Mais ces méfures étant venues à la connoiffance du Roi, auquel on infinua d'ailleurs que fon fis & fon gendre lui dreffoient des embuches, il prit le parti de fe rendre à Mayence, où il fit venir l'Archevéque, qui étoit en retraite ailleurs, & encore Lidolfe & Conrad pour fe juftifier en fa prefence, de la pretendue confpiration contre lui, dont il les accufa. Conrad & Lidolfe s'étant juftifiés devant lui, Othon parût acquiefcer à leur juftification, & les renvoya abfous; puis étant retourné auprès de fa femme, il defavoua tout ce qu'il avoit fait & dit en cette occafion, comme s'il y eut été contraint par force: *Locorum anguftia*, dit Witichind; (*qu'al-loit il donc faire*, dit Moliére, *dans cette galére?*), & il ren-

dit

dit un Edit contre fon fils Lidolfe & fon gendre Conrad, où il leur ordonnoit de nommer les complices de leur complot, finon qu'il les declaroit être des ennemis publics.

Ensuite il fit apparement fous main mouvoir les Lorrains contre Conrad leur Duc, ce qui ne lui fut pas difficile, puifque les Lorrains le confidéroient comme la caufe principale de la mort de leur Duc Gislibert, fon oncle, qu'ils avoient fort aimé, & encore de celle de fon propre pére au combat d'Andernach, & par conféquent le haïffoient fort; de forte qu'ils fe portérent (pour lors en 963.) contre lui de grand cœur, les armes à la main, & qu'ils le combattirent pendant tout un jour, quoiqu'il fe deffendit contr'eux avec la plus grande valeur, & même qu'il en fit une terrible boucherie de fa propre main, mais eux, malgré cela, revenant toûjours à la charge, ils le forcérent enfin de ceder, & de fe retirer à Mayence, où Lidolfe, qui avoit raffemblé un corps de troupes pour fa défenfe, & auquel l'Empereur avoit donné la chaffe avec fon armée, venoit de fe refugier : ce qui obligea pour lors l'Archevêque Frederic, d'en fortir, & de fe retirer à Brifach, lequel le continuateur de Reginon qualifie dans cette occafion de *latibulum Deo & Regi rebellantium.* Ce qui juftifie

de

de plus fort ce que nous avons avancé au fujet de la fin de la guerre precédente, favoir : qu'Othon, malgré fa victoire d'Andernach, avoit été néceffité de lever le fiège de Brifach.

Othon ayant donc invefti Mayence avec fon armée, & pouffé les attaques pendant deux mois durant, fans pouvoir le prendre, il fit apparement propofer de traiter d'accommo-dement, & il donna pour ôtage à ceux de la ville fon cou-fin Echbert, promettant qu'on pourroit venir librement dans fon camp pour fe purger des crimes intentés, & pour faire la paix. Lidolfe & Conrad s'y rendirent, & prétendirent por-ter feuls les peines du crime, fi l'on en pouvoit trouver dans leur conduite, & fans en charger leurs amis & leurs adhérens; mais le Roi ne trouvant pas à mordre fur leur conduite, fe retrancha pour lors contre les fauteurs des embûches, lefquels il prétendit devoir lui être livrés, ce que le fils & le gendre ne voulurent point lui accorder. Or fur ces entrefaites l'ar-mée fe rejoüit fort, & compta la paix faite, quoique vaine-ment, car le Duc Henri de Bavière, frére de l'Empereur, ayant accufé fans preuve Lidolfe devant l'armée, d'avoir voulu ufur-per le thrône de l'Empereur, elle n'en crut rien; & cela irrita d'ailleurs fi fort tous les Comtes Bavarois, qu'ayant pris parti

D 3

pour

pour Lidolfe, ils fe foulevérent contre Henri, & mirent Lidolfe en poffeffion du Duché de Bavière. Pareillement Echbert, ôtage dans la ville, ayant été perfuadé de l'innocence
de Lidolfe & de Conrad, abandonna le parti du Roi, & em-
braffa celui de Lidolphe; & de plus, l'armée demanda fon con-
gé à l'Empereur, qui ne put le lui refufer: de forte, qu'il
fut obligé de s'en aller prefque feul en Saxe. Or comme il
lui venoit de Saxe un nouveau corps de troupes, Conrad &
Lidolfe lui étant allés au-devant, l'affiègérent & le contraigni-
rent par accord à s'en retourner en Saxe, ce qui fit que la
guerre fût portée en Bavière, où elle fut pourfuivie avec divers
fuccès. Enfin l'Archevêque de Mayence s'étant rendu au camp
de l'Empereur avec Conrad, il engagea celui-ci à faire fa paix avec
l'Empereur, miférablement; mais fans pouvoir engager Lidolfe
à faire de même: Au contraire ayant preferé de continuer lui
feul la guerre, elle dura encore quelque tems, & caufa de
grands maux au pays, ce qui fit que Lidolfe fe trouvant laffé,
prit enfin le parti de fe jetter aux genoux de l'Empereur, &
de fe foumettre à fa volonté. Peu après, l'Archevêque de Mayence, Frederic, tomba malade, & mourut. Enfuite les Hongrois ayant pénétré dans l'Autriche & dans la Bavière, & é-
tant venu camper près d'Augsbourg, cela obligea l'Empereur

à

à les attaquer. Conrad le Sage le joignit alors avec un gros
corps de cavalerie, qu'il avoit raffemblé, & il contribua très-
fort au gain de la bataille. Il y périt même à la fin, comme
je l'ai dit, & comme on peut le voir dans la rélation de Witichind, puis il fut enterré à Vorms, fon Duché patrimonial
& matrimonial, mais fans avoir été rétabli dans celui de Lorraine, ni même fon fils Othon après lui : car ce Duché avoit
été apparement promis ou donné à Frederic fon frére, lorsqu'il en fut chaffé. Ce qui fait bien voir, que Conrad, dit le
Sage par les Othoniens, bien loin d'avoir merité un tel nom,
meritoit bien plutôt celui d'infenfé, pour avoir fervi un in-
grat & un inique, au préjudice de fon propre pére, de fa propre famille, & de fon pays, qu'il fe mit à dos de cette façon
le plus vivement.

En effet un Peuple ne fe porte point à de tels excès d'a-
nimofité, s'il n'y pas les motifs les plus forts pour l'y engager,
d'où par conféquent, fi Conrad eut été confanguin éloigné de
Théodoric-Eberhard, tel qu'étoit Uthon fon collégue, le mo-
tif n'auroit point été pour lors affez fort pour animer ce peuple jufqu'à ce point, puifque n'étant pas d'ailleurs gouverné
par Conrad tyranniquement, (car l'hiftoire ne le dit point,) il

auroit

auroit excufé fon cas, d'avoir procuré la mort des deux Ducs, pour raifon de l'éloignement du degré de confanguinité; donc il falloit qu'il fût le propre fils de Theodoric-Eberhard, & de plus, le neveu le plus proche du bien-aimé Gislibert, pour avoir ainfi excité chez ce Peuple un fi violent effet par l'horreur que devoit infpirer naturellement un auffi grand crime.

Examinons d'ailleurs attentivement les paroles des Auteurs qui ont dépeint le fait & qui l'ont motivé d'un faux prétexte de juftice pour pouvoir la conclure en cette occafion en faveur d'Othon, afin que nous puiffions ainfi d'autant mieux juger des cas dont il s'agit.

Luitprand dit lib. 2. ch. 10. *Habuerat planè Rex nonnullas maximas & fortiffimas copias & earum Duces Hermannum fcilicet Suevorum Ducem, fratremque ejus Udonem atque Conradum cognomine fapientem, qui quamvis affinitatis linea Eberhardo jungerentur, maluerunt tamen juftè, fi neceffitas incubuiffet, jufto cum Rege incumbere, quam cum confanguineo injuftè triumphare.* L'Abé d'Urfperg dit pag. 215 : *Habuerat autem Rex nonnullas maximas & fortiffimas copias, Hermannum fcilicet Suevorum Ducem fratremque ejus Uthonem atque Con-*
adumr

radum cognomine sapientem, qui quamvis affinitatis linea Eber-
hardo jungerentur, maluerunt tamen juste si necessitas ingrueret
cum justo Rege occumbere, quam cum sanguineo injusti trium-
phare. Et Alberich dit page 279 : *Interim fideles Regis. Udo,*
frater Hermanni, Suevorum Ducis, & Conradus Sapiens quan-
quam Everardo affinitatis linea jungeretur, Everhardum & Gis-
lebertum acerrimè debellant.

Or il ne paroît point par ces témoignages, que Conrad
le Sage fut frére d'Uthon, puisque les deux premiers auteurs
auroient dit en ce cas *fratresque ejus* & non pas *fratrem*, ainsi
qu'ils ont dit, ce qui suppose donc à Conrad le Sage, une origine differente, quoique dans la même consanguinité, & pour
ce qui est d'Alberich, il la decide clairement, puisqu'il suppose
le seul Conrad lié d'affinité avec Eberhard. Ainsi les Auteurs
allemands, dont Meybonius, qui ont supposé, que Conrad le
Sage étoit frére d'Uthon & d'Herman, & qu'ils étoient tous
trois fils d'un Gerard, fils de Verinher, Seigneur de Vaiblin-
guen, suivant l'oppinion de Cuspinien, se font doublement
trompés. I. En ce que Conrad le Sage n'étoit pas de la branche d'Herman & d'Uthon, quoique consanguin. II. En ce
qu'Herman & Uthon, fils de Gerard, qui avoit epousé la
veuve de Zwentibold, étoient les petits-fils de Gerardus, Comte

E

de

de Metz, ainſi qu'il eſt atteſté dans la Chronique de Metz, & non par conſéquent de Verinher n'y d'autre.

Conrad le Sage étant donc bien certainement conſanguin de Théodoric-Eberhard, & de beaucoup plus près que ſes deux couſins, iſſus de germain, il s'enfuit, qu'il étoit le propre fils de ce Théodoric-Eberhard, d'autant plus, qu'il lui ſucceda après ſa mort dans ſon Duché de Franconie & de Worms, comme dans un bien patrimoniel, & qu'Othon ſon fils lui ſucceda de même, & après celui-ci Henri & Conrad, & après ceux-ci Conrad le Salique, & Conrad le Jeune.

Or que Théodoric-Eberhard, Pére de Conrad le Sage, ait été Duc de Franconie, de Worms & d'Alſace, & Comte Palatin du Rhin, & de plus, frére de Frederic, Archevêque de Mayence; c'eſt ce que le Pére la Guille témoigne dans ſon hiſtoire d'Alſace Tome II. Page 186. 191. 194. & 197, & il n'accuſe pas ſans doute cette fraternité que ſur des bons témoignages. La conduite d'ailleurs des uns & des autres, ci-devant depeinte, le fait voir de reſte. Contre quoi, l'on ne manquera pas d'objecter, que le Pére la Guille, & tous les auteurs allemands, ne donnent point à cet Eberhard le nom de Théodoric: à quoi nous repondons, que l'on l'appelloit en

France

France & en Lorraine *Théodoric*, en Alface & en Franconie *Eberhard*, puifqu'il avoit été baptifé en Lorraine fous le nom de *Théodoric*, & qu'il avoit enfuite pris le nom d'*Eberhard*, lorfqu'il fucceda aux Duchés de Worms & de Franconie, & au Palatinat du Rhin, après la mort de fon Beaupére Eberhard en 928. ou peu de tems après; & que ce double nom fe juftifie d'ailleurs, par les deux relations allemande & françoife du combat d'Andernach en 939. raportées par l'Abbé d'Urfperg.

En effet, il eft dit dans la relation allemande: *Eberhardus autem & Gifelbertus audientes Regem effe in partibus Alfatiæ, collecto per magno exercitu &c. &c.* Dans la relation françoife il eft dit: *Ludovicus, Caroli filius, qui tunc de transmarinis partibus regnavit in Gallia. . . . . Prefenferat enim Othonem velle Belgicam in fuum Jus transfundere unde & truculentius contra illum agitans, quicunque illius videbatur à Belgica exturbavit, qui vero fibi confentiebant confilio Gifelberti, Ducis Belgicæ, & Theodorici Comitis facramento fibi aftringebat.* Par où l'on voit que les deux Commandans d'alors en Alface étoient defignés fous les noms de *Gifelbert* & d'*Eberhard* dans la relation allemande, · & fous les noms de *Gilfelbert* & de *Theodoric* dans la relation françoife : & par conféquent que les noms de *Theodoric* & d'*Eberhard* étoient les deux noms propres de la mé-

me

me perſonne.   De plus nous liſons dans la Table 279. d'Hubner,   qu'il ſuppoſe de même que nous, que Theodoric étoit
frére de Frederic, Archevêque de Mayence, de Giſelbert, Duc
de Lorraine &c.   Or Hubner n'a pas ſans doute inventé cette
ſuppoſition, donc il l'a tirée de quelqu'Auteur Lorrain ou Fran-
çois, qui n'a point mis dans la liſte des fils de Raginer le
nom d'*Eberhard*, mais ſeulement celui de *Theodoric, Duc en
Alſace.*

LE vieux Comte Eberhard ſon Beau-Pére n'auroit pas
ſans doute, été en état (ſuppoſé vivant) de faire la campagne
en 939, car le Roi Conrad I., dont il étoit le frére, & preſ-
que de même âge, avoit au moins 7. à 8. ans de plus qu'-
Henri l'Oiſeleur, ſon Emule; puiſqu'il eſt depeint lors de ſon
élection, comme un homme d'une expérience conſommée dans
le métier de la guerre.   Ainſi ce n'eſt point une ſuppoſition
déraiſonable que de le ſuppoſer né l'an 868, & ſon frére
Eberhard l'an 870, d'où par conſéquent ce dernier auroit eu
en 939. ſoixante-neuf ans; & ſa vie en ce cas, quoique non-
finie, auroit ſurpaſſé de 19. ans, celle de ſon frére, mort
de mort naturelle, ce qui ſuivant l'ordre de la nature, auroit
été extraordinaire; il eſt donc bien plus naturel de le ſuppoſer mort en Lorraine en 928, ou peu de tems après,

comme

comme je l'ai fait, & fon Gendre pour lors pour fon fucceffeur. D'autant plus, que l'Abbé d'Urfperg repréfente le Duc
Eberhard, tué au combat d'Andernach en 939, comme un homme qui fe rencontroit dans la force de l'âge, & non dans le
declin, du moins confidérable; attendu, qu'il avoit peu de
jours avant ce combat couché avec fa femme, plutôt comme
un jeune homme, que non pas un vieillard. *Sicut ex verbis
ipfius* (dit-il page 216.) *quæ paulo poft antequam occideretur,
uxori fuæ dixerat poffumus conjicere : Quam cum fueret in finu
jocundare inquit in gremio Comitis, in brevi lætatura, in am-
plexibus Regis.*

En effet un pareil difcours ne fauroit convenir dans la
bouche d'un homme de 69. ans, tel qu'auroit été le vieux
Eberhard s'il eût été vivant, donc il n'exiftoit plus, & par
conféquent ce n'a pû être alors que fon fucceffeur adoptif,
auquel l'auteur a pû l'attribuer : car ce vieux Eberhard n'a point
eu de fils légitime qui foit parvenu à l'âge viril, qu'un nommé
Conrad, qui mourut en 913. fans poftérité, fuivant Blondel,
& par conféquent puifqu'il eft declaré par ledit Abbé, dans fa
Généalogie Caroline page 200, que les Princes des Francs ti-
roient leur origine d'Eberhard, frére de l'Empereur Conrad I.
Eberhardus (dit-il) *à quo originem habent Principes Francorum.*

Il faut donc néceffairement que cette origine aît eu lieu par adoption, comme nous l'avons fuppofée ci-devant, puifque celà ne fe peut autrement.

D'AILLEURS quand on objecteroit contre ce difcours d'Eberhard à fa femme, que ce n'eft qu'une calomnie ïnventée par les Othoniens pour dénigrer la memoire de cet Eberhard, celà n'infirmeroit pas pour celà, la conféquence qu'on en a tirée, puifqu'il n'auroit pas été ainfi publié & rapporté de même par d'autres Auteurs, tels que Luitprand, fi les deux perfonnes y mentionés n'euffent pas été capables d'en effectuer la fuppofition : & par conféquent il s'en fuit encor de ce difcours vrai ou faux d'Eberhard à fa femme, que laditte femme n'étoit plus Mathilde, fille du vieux Eberhard, puifqu'elle auroit eu pour le moins alors 45. ans, & qu'elle auroit été ainfi trop agée pour faire campagne avec fon mari, mais bien une feconde & plus jeune femme.

QUANT aux autres fréres de Theodoric-Eberhard, favoir de Gislibert & de Frederic, dont j'ai déja parlé, on en trouvera encore trois autres fur la table généalogique, favoir, Othon, Comte de Verdun, Tuteur du jeune Henri, & Regent

de

Lorraine depuis 939. jufqu'en 943. qu'il mourut. Reynier au long Col, Comte de Haynaut, & Ricüin, Duc de Mofelle, & Comte d'Ardenne, tous les fix, fils de Raginer & d'Aldrade. On y verra de plus que ce Raginer mari d'Aldrade étoit frére de Gerardus Comte de Metz & de Stephanus, Général de l'armée, qui deffit & tuâ Zwentibold l'an 900. & que ces trois fréres étoient fils de Gifalbert I. & d'Hermangarde, fille de l'Empereur Lothaire; & que ce Gifalbert I. eut pour fréres Henri, Comte de Salm, & Ricüin, Evêque de Strasbourg.

Pour ce qui eft d'Othon, Comte de Verdun, frére de Gislibert II, fuppofé ci-deffus Regent de Lorraine en 939, quoique cette fuppofition foit contraire à celle de divers Auteurs allemands, qui ont prétendu, que cet Othon, Regent, étoit le fils de Ricüin, & non pas fon frére. J'ai trouvé leur prétention mal fondée: I) parce que Ricüin étoit pour lors vivant, & II) parce que des Auteurs Lorrains ont foutenu, que cet Othon, Tuteur, étoit frére de Gislibert.

Quant à Reynier au long Col, Comte de Hainault, quoi qu'Hubner l'ait omis dans la lifte des fils de Raginer, il eft cependant bien prouvé par l'hiftoire de Lorraine, qu'il en étoit

un,

un, & de plus, parce qu'il prétendit à la fucceffion de la dot de Gerberte, veuve de Gislibert, en vertu du degré prochain de confanguinité : prétention qui le fit arrêter & exiler par l'Archiduc Brunon, frére d'Othon, & confisquer même fa Comté de Hainault, fous le faux prétexte: qu'il troubloit l'E-tat ; pretexte qui fit voir alors à chacun, que Brunon étoit un Tyran & non moins inique que fes fréres Othon & Henri.

Quant à Ricuin, Duc de Mofelle & Comte d'Ardenne, il eft reconnu par tous les Hiftoriens, pour être le fils de Raginer, & la Tige de tous les Godefrois, Comtes d'Ardenne.

Mais à l'égard de Stephanus, lequel la table d'Hubner fuppofe être le dernier des fils de Raginer, comme il n'auroit pas pû l'an 900. avoir l'age fuffifant pour commander une armée, ainfi qu'il le fit, je l'ai fuppofé né d'un degré de race plus haut, de même que Gerardus, Comte de Metz; & fuppofé d'ailleurs qu'ils étoient les fréres de Raginer. Et pour ce qui eft de Gifalbert I. du nom de leur pére, j'ai fuivi en celà Vignier, & fuppofé qu'il étoit frére d'Henri, Comte de Salm, & de Ricüin, Evêque de Strasbourg, puisqu'ils étoient de cette race, & qu'ils vivoient dans ce tems là.

Quant

QUANT à Adalberon, Evêque de Metz en 929, lequel j'ai ſuppoſé être le fils de Theodoric-Eberhard, & non pas d'O-thon ſon cadet ; ou comme quelques uns l'ont prétendu d'O-thon ſon neveu, ſous pretexte, qu'il étoit dit quelque part, que *Giſalbert étoit ſon Grand-Oncle* ; ce qui ne m'a pas paru naturel, j'ai crû le devoir ſuppoſer ainſi que j'ai dit, fils de Theodoric-Eberhard, parce qu'ayant été fait Evêque de Metz en 929, il a dû avoir alors au moins 16. ans, & par conſéquent être né en 913, & ſon Pére s'être marié environ 911, ce qui s'accorde avec la datte que j'ai ſuppoſée à ce mariage.

D'AILLEURS l'Evêché de Metz étoit le plus important benéfice de tout le pays, & il étoit ordinairement poſſedé par des fils de ſes Ducs, par leurs fréres, ou par leurs neveux, & par conſéquent le Duc Giſalbert n'ayant point d'enfans mâles ; celà devoit donc regarder les enfans de Theodoric-Eberhard preférablement à tout autre, puiſqu'il étoit l'aîné après le Duc, & de plus Duc d'Alſace & de Franconie, & Comte Palatin du Rhin ; & par conſéquent d'un bien grand credit, & que ſon frére Frederic avoit des vües ailleurs (*). Or quoique ſon frére cadet, Othon, put avoir des enfans mâles, néanmoins

F

il

(*) On lui avoit apparement aſſuré l'Archevêché de Mayence.

il ne paroit point qu'il en eut, ni qu'il en ait laiffé après lui.
Et quant aux autres Princes Lorrains, il n'y en avoit aucun
qui put l'emporter fur le credit de Theodoric. Donc il eft
fort naturel de fuppofer qu'Adalberon obtint ce benéfice, parce qu'il étoit le fils de Theodoric. Ajoutez que Dom Calmet,
(Hiftoire de Lorraine. Tom I. page 858.) raporte, qu'Adalberon dit dans une Carte de l'Abaye de Ste. Gloffinde de Metz,
qu'il lui avoit donné l'Abaye d'Hastières, de méme qu'il l'avoit
recüe de fon Pére *le Comte Vigeric qui y étoit enfeveli.* Or nous
ne voyons point, ni parmi les Comtes de Chaumontois, ni
parmi les autres Comtes Lorrains, qu'il ait été fait mention
d'un Comte Vigeric, capable d'avoir été le Pére de l'Evêque
Adalberon ; Donc il faut qu'il y ait eu de l'erreur dans cet
acte ou dans la copie, & qu'elle a dû dire *le Comte Theodoric
qui y étoit enfeveli,* puisque ce fait ainfi, eft des plus vraifem-
blables, car le corps de Theodoric fut fans doute après fa mort
recueilli par Conrad le Sage & envoyé à Metz pour étre enfeveli dans le tombeau de fa famille, ce qu'Adalberon exécuta
dans l'Abaye de Ste. Gloffinde, en lui donnant pour cet effet
l'Abaye d'Haftières, comme un bien du deffunt pour le repos
de fon ame. Et au moyen de cette explication tout fe conci-
lie, & demontre avec évidence qu'Adalberon étoit le propre
fils de Theodoric-Eberhard.

ETANT donc ainſi bien prouvé, qu'Adalberon étoit le fils de Theodoric-Eberhard, il s'enſuit que Frederic , Comte de Voivre , de Brie , & de Hongury étoit auſſi ſon fils , quoique ſuivant l'apparence d'un autre lit, car ce Frederic , qui fut fait Duc de Lorraine après l'expulſion de Conrad le Sage, eſt accuſé par Sigebert & par d'autres Auteurs, pour être le frére d'Adalberon, Evêque de Metz ; or Theodoric-Eberhard, ſon Pére s'étant remarié environ l'an 929 , comme je le ſuppoſe, après avoir perdu ſa première femme , Mére de Conrad le Sage & d'Adalberon , ce Frederic pût naître environ l'an 930 , & ſon frére Eberhard , Landgrave d'Alſace , l'an 931 de ce ſecond lit : Et leur Pére ayant été tüé l'an 939, leur Mére alors n'ayant que 27 ou 28 ans , elle pût ainſi ſe remarier avec le Comte Richiſon , frére d'Hugues, Comte de Chaumontois, dont elle eut , dit Dom Calmet , pluſieurs enfans, ſavoir : Volmar, Comte de Salins , Vauzelin, Seigneur de Pert, & un troiſième , qui fut aſſaſſiné , & dont le nom n'eſt pas reſté connu. Tout celà paroit vraiſemblable de cette façon.

QUANT à la poſtérité de Frederic, fait Duc de Lorraine en 953, après l'expulſion de Conrad, & marié en 954 avec Beatrix, ſœur d'Hugues Capet, qui devint Roi de France

33 ans

33 ans après, je suppose qu'il eut deux fils, dont l'ainé mourut en 984 : Car puisqu'en 1005 cette Beatrix se trouvoit
être Régente de Lorraine, & le Comte Louis de Dachsbourg
Corrégent, vû qu'ils se rendirent pour lors tous les deux à
Moyenmouftier, pour y faire un acte de Régence, & puisque Theodoric, qui étoit alors Duc sous cette Régence, en
secoüat le joug en 1011, & devoit avoir pour cet effet 25
ou 26 ans, il s'ensuit qu'il n'étoit pas le fils de Fréderic &
de Beatrix suivant toute apparence, mais leur Petit-fils, ce
qui suppose donc un fils intermédiaire, mort en 984, comme il est marqué sur la Table Généalogique.

Or de supposer ensuite, qu'un fils de ce Theodoric ait
pû être en âge en 1012, d'epouser Mathilde, Veuve de Conrad,
Duc de Vorms, comme le raporte Bayon, c'est ce que j'ai
de la peine à croire, & c'est pourquoi j'ai supposé Fréderic
mineur, mort en 1032, être le fils de Mathilde & de Theodoric, sauf correction à faire en ce cas, s'il y a lieu.

Pour ce qui concerne la branche cadette dudit Fréderic,
marquée sur ma table, j'en ai conclu l'exiftence d'alors. I) En
vertu du témoignage d'Alberic, qui parlant de Conrad le
Salique

Salique en 1024, dit, qu'il avoit pour neveu *le Comte Le-thard de Longwy, Pére de Manegaud*, ce qui m'a paru fuppo-fer par conféquent ce Lethard être fils d'un Albert, cadet de Fréderic mort en 984, auquel fon Pére Fréderic avoit don-né Longwy. II) Parce que ce même Auteur parlant de l'an-née 1033, dit, que le jeune Duc Fréderic étant pour lors mort fans enfans mâles, *l'Empereur Conrad n'eut point d'égard pour fes héritiers* (ce qui fuppofe donc qu'il en avoit) dans la difpofition qu'il fit du Duché de Haute - Lorraine en faveur de Gothelon en 1034. III) Parce que dans l'année 1045 l'Empereur Henry III. donna ce Duché à Albert de Long-wy, fuivant le témoignage de Laurent de Liège, qui dit Tom. I. *Nobiliſſimum Albertum de Longwy caſtra, quem Imperator Du-cem fuper fe ſtatuerat bello exuit;* ce qui fait voir que cette branche fubfiftoit au moins jufqu'alors.

Quant à Eberhard, Landgrave d'Alface, s'il eft vrai, comme le raporte Hubner Tab. 27. Qu'*Henri, ou Héfel, Duc de Franconie époufat Adelayde fille, d'Eberhard, Landgrave d'Al-face*, il s'enfuit que cet Eberhard étoit le quatrième fils de Theodoric-Eberhard, car cette Adelayde fut la Mére de Con-rad le Salique, & fœur, fuivant Wippon, des Comtes Ge-

F 3

rard

rard & Adelbert. *Quæ Adeleytha*, dit-il, *foror erat Comitum Gerardi & Adalberti*, & par conféquent, ces deux Comtes étoient les Oncles maternels de Conrad le Salique : Or Conrad le Salique étoit Coufin-germain du côté de fa Mére, d'Hugues Comte de Dachsbourg, Pére du Pape Léon, fuivant Wibert. *Pater ejus*, dit-il, *Hugo nomine natione Teutonicus Imperatoris Conradi Confobrinus.* Et cet Hugues étoit fils de Louis Comte de Dachsbourg, fuivant Bayon, puifqu'il dit, que ce Louis étoit le Grand-Pére du Pape Brunon, *Ludovicus Comes de Daborch Avus Sancti Brunonis*, (ce font là fes termes, liv. 2. ch. 43.) donc ce Louis étoit frére d'Adelayde & des Comtes Adelbert & Gerard cités par Wippon & tous les quatre fils ou fille du fusdit Eberhard, Landgrave d'Alface. Ainfi puifque nous avons prouvé ci-devant, que le Pape Léon avoit un Trifayeul commun avec Conrad, il s'enfuit qu'Eberhard Bifayeul de Brunon, étoit donc le fils de ce Trifayeul, lequel nous avons fait voir être Theodoric-Eberhard, Duc d'Alface, de Franconie & de Vorms, & Comte Palatin du Rhin.

Or comme nous avons fuppofé que cet Eberhard, Landgrave d'Alface, étoit né en 931, & par conféquent n'avoit que 8 à 9 ans, lorfque fon Pére fut tué à Andernach, il eft

donc

donc fort apparent, qu'Adalberon fon frére ainé, Evêque de
Metz étant fon Tuteur & le principal Deffenfeur des Lorrains
& Alfaciens, il fit exercer la charge de Landgrave d'Alface &
de Gouverneur de Brifach par Adelbert, Comte de Metz,
dont Eberhard époufa par la fuite la fille, & devint Landgrave, lorfque fon frére Fréderic devint Duc.

Et quant à la poftérité de cet Eberhard, elle fût conti-
nuée par Adelbert fon fils, par Gerard II. fon Petit-fils, &
par Gerad III. fon arrière Petit-fils, fait Duc de Lorraine en
1048. tous les Auteurs conviennent de cette defcendance.
Or de ce Gerard III. Coufin iffu de Germain, par les mâles
du Pape Léon, defcendent inconteftablement tous les Princes
Lorrains d'aujourd'hui.

Nous n'entrerons point ici dans le détail des preuves de
la poftérité de Ricüin, laquelle a fourni plufieurs Ducs en
Lorraine, des Comtes dans le Luxembourg, & des Ducs en
Bavière, non plus que dans le détail des branches de Reynier,
qui fe font etabliés ailleurs, puifque cela n'eft pas néceffaire
pour les preuves de la defcendance des Princes Lorrains d'aujourd'hui, dont il s'agit uniquement, mais nous ajouterons
feulement

feulement les réflexions fuivantes, à ce que nous avons déja dit du commencement, contre leur prétendüe origine (au-deffus d'Eberhard) de l'ancienne maifon d'Alface.

I) Il eft aifé de voir fur la Table Généalogique, que lorf-qu'en 1048 l'Empereur inveftit du Duché de Haute-Lorräine, Gerard d'Alface III. du nom, & Fréderic de Luxembourg, du Duché de Baffe-Lorraine, il y avoit nombre d'autres Princes de la race des Ducs de Mofelle, qui étoient à portée de pou-voir prétendre au premier Duché, fuivant le droit de fucceder aux fiefs reconnus pour lors dans l'Empire & dans la Lorraine.

Car Fréderic de Luxembourg étoit de la race des Ducs de Mofelle par Ricüin, & fe trouvoit être le cadet d'autres Princes de fa maifon, qui pouvoient y prétendre de même. Il y avoit encore alors des Comtes de Metz & des Comtes de Luneville, des Comtes de Brabant, des Comtes de Na-mur, des Comtes de Limbourg, des Comtes de Salm, des Comtes de Hinange, & peut être encore d'autres, que nous ignorons, qui tous étoient de cette race, pouvoient par con-féquent prétendre à ce Duché, preférablement à un Etranger, tel qu'auroit été Gerard III. d'Alface, s'il fut effectivement

defcendu

descendu de l'ancienne maison d'Alsace, comme on l'a prétendu, puisqu'elle n'avoit jamais eu de droit à la succession du
Duché de Lorraine.

Comment donc Mrs. les Auteurs dont j'ai parlé dabord,
ont ils pû se figurer que ce Gerard III. tiroit son origine
de ladite maison d'Alsace, puisque la maison de Moselle n'é-
toit point éteinte, & que leur prétention étoit destituée de
toute raison ; car ce n'est pas une raison que la possession du
Landgraviat d'Alsace, entre les mains alors de Gerard III. puisque ce Landgraviat se trouvoit être une dépendance du Royaume de Lorraine, depuis le tems que Charles le Simple en prit
possession, & qu'il investit Raginer du Duché d'Alsace, & d'ailleurs puisque peu après, la race des Anciens Comtes d'Alsace
finit en Alsace dans la personne de Luitfrid IV. qui mourut en
926. sans héritiers mâles, de sorte qu'il falut alors nécessaire-
ment que ce Landgraviat fut possedé par une autre race.

II) Si ces Messieurs avoient fait attention aux expressions
de Wippon, Auteur contemporain, ils n'auroient certainement pas donné dans cette bévüe : car cet Auteur parlant d'A-
delayde, Mére de Conrad le Salique, & sœur de Gerard &

G   d'Adeld'Adelbert, Grand-Pére de Gerard III. dont il s'agit, dit, que cette famille étoit d'origine Lorraine & non Alfatienne. *Ex nobiliſſima & glorioſiſſima gente Lotharingorum oriunda fuerunt.* Ce ſont là ſes termes, qui ſont déciſifs.

Mais apparemment que ces Meſſieurs ſe ſont imaginés que l'origine de l'ancienne maiſon d'Alface étoit plus illuſtre que celle de l'ancienne maiſon des Ducs de Moſelle, & par conféquent qu'ils pouvoient malgré le témoignage de Wippon, fabriquer une Généalogie à plaiſir, qui faiſoit defcendre les Ducs de Lorraine &c. de l'ancienne maiſon d'Alface, ainſi qu'ils ont fait, car *quand la Maiſon de Lorraine* (dit Dom Calmet T. I. p. CC.) *ne ſeroit pas obligée par la lumière de la vérité, & par l'évidence des preuves, à reconnoître qu'elle tire ſon origine de la Maiſon d'Alface, elle y ſeroit engagée par l'interêt de ſa gloire, de ſa grandeur & de ſon ancienneté.*

N'y-a-t'il donc pas bien du faux dans ce raiſonnement ? Car premièrement, paroît-il être de la gloire & de l'interêt d'une Maiſon Souveraine, de fonder ſa grandeur ſur des titres vains, & dont il eſt facile de faire voir l'illuſion. Secondement, bien loin que l'illuſtration de l'origine des anciens

Ducs

Ducs d'Alſace fut plus grande en ce cas, que dans celui des anciens Ducs de Moſelle, la dernière au contraire paroîtra ſans doute ſi fort ſupérieure à l'autre, qu'on ne la jugera pas même capable de pouvoir entrer avec elle en comparaiſon; car c'eſt ce que tous les anciens Princes ont déja décidé depuis plus de 700 ans, & dont le jugement doit nous ſervir de règle, puiſqu'ils étoient beaucoup plus à portée que nous, de pouvoir bien juger d'un ſemblable cas.

En effet l'ancienne Maiſon d'Alſace, quoiqu'éteinte en Alſace en 926, ſubſiſtoit encore en Suabe l'an 1024. dans la perſonne du Comte Welff, Beaufrére de l'Empereur Henri II. qui mourut pour lors: Or cet Empereur conſulté dans ſon lit de mort par les Principaux de l'Empire ſur le choix de ſon ſucceſſeur, ne propoſat point ſon Beaufrére Welff, & quoiqu'il n'aimat pas Conrad le Salique, il le déſigna néan-moins & le conſeillat pour ſon ſucceſſeur. *Quia Conradus* (dit-il) *eſt Vir regii generis, egregiæ libertatis, qui nunquam ſe ſubmiſit alicujus ſervituti*, dit Alberich; or nous avons fait voir qu'il étoit de la race des Ducs de Moſelle.

Wippon de plus, qui a dépeint fort exactement ce qui

ſe

fe paffa dans l'Affemblée, qui fe tint près de Worms pour l'é-
lection de l'Empereur, & qui en nomme même tous les principaux membres laies, n'y cite pas même du nombre le Comte
Welff, quoiqu'il fut peu après Duc en Baffe-Bavière, mais par
contre il élève la gloire de la Maifon de Mofelle, jufqu'au
point de la mettre hors du pair pour l'illuftration avec aucune autre maifon de l'Empire; car, dit-il, ayant été d'abord
queftion dans cette affemblée de nommer les Princes capables
d'entrer en concurrence pour l'élection d'un Empereur, il
n'y en eut que deux de nommés, favoir *Conrad le Salique*,
& *Conrad le jeune, Duc de Worms*, fon Coufin, tous les deux
de la race des Ducs de Mofelle; & lorfqu'il fut queftion 55
ans après, par un gros parti de l'Empire, d'élire un Empereur, afin de fupplanter l'Empereur Henri IV. Petit-fils de
Conrad le Salique, duquel ils n'étoient pas contens, ils élû-
rent *Herman, Comte de Luxembourg*, d'une branche cadette de
la race des Ducs de Mofelle, pour lui oppofer: Enfin lorf-
qu'*Henri VII.* de la même race, parvint à l'Empire en 1308,
il y fut appellé par une voix unanime de tous les Electeurs,
avant qu'il put s'imaginer qu'on dût penfer à lui: Or quel plus
grand degré de gloire peut acquerir une maifon, que celui
d'une vénération univerfelle d'un grand Empire pour fon illuftration,

ftration , vénération même confervée & reconnüe dans les tems les plus reculés , tel que celui d'Adalberon , Evêque de Metz en 940 , reputé pour lors *le plus Noble de tous les Chrêtiens* , & qui étoit inconteftablement de cette famille.

Enfin c'étoit une tradition reçüe de tout tems dans l'Empire , que cette famille étoit de race Royale , & collaterale avec celle de l'Empereur Charle-Magne , defcendant l'une & l'autre de St. Arnauld , Duc de Brabant , Maire du Palais , puis Evêque de Metz , & qu'elle avoit formé plufieurs branches dans le Royaume d'Auftrafie , ce qui a fait , qu'il y a beaucoup d'apparence , que celle dont la Généalogie eft ci-jointe , étoit la plus proche de la branche de Charle-Magne , puifque le Pape Léon dans fa bulle de 949. pour l'Abaye de St. Arnauld de Metz , ne fait remonter fa généalogie que jufqu'à Pepin , Duc d'Aquitaine , dit autrement , Pepin de Heriftal , Pére de Charles Martel , Grand-pére de Pepin le bref , & Bifayeul de l'Empereur Charle-Magne.

Achevé en Juillet 1764.

HYPOTHESE GENEALOGIQUE DE GERARD D'ALSACE 3e. DU NOM, LA TIGE INCONTESTABLE DE TOUS LES PRINCES LORRAINS D'AUJOURDHUI. POSTERITÉ DE GERARDUS COMTE DE METS.

GISALBERT 1er Duc de Moselle & Comte d'Ardenne &c. né environ 834., marié environ 855. avec Hermangarde fille de l'Empereur Lothaire 1er mort environ 896., il eut pour fils ci-dessous & pour frères à côté.

HENRI Comte de Salm, né environ 835 marié environ 860, dont la postérité existe.

RICUIN Evêque de Strasbourg né environ 848 mort en 928.

RICHARD, Abbé de Prum en 899 fait Evêque de Liege par Charles le simple en 921.

GERARD, né en 879, marié de la Veuve de Zwentibold en 900.

MATFRIDE, Comte de Mets, né environ 880, marié environ 901.

RAGINER Duc de Moselle & Comte d'Ardenne &c. fait & refait plusieurs fois Duc de Lorraine, né environ 857, marié avec Aldrade en 887, mort en 916. Il est nommé dans deux chartres, *Per Dei gratiam Dux & Princeps Lotharingiae superioris Mosellanicae & inferioris Ardennae, Mosellani seu Habaniae, Bouillon, Alsatie, Comes Metensium ac Verodunensium.*

GERARDUS Comte de Mets né en 858, marié en 876. Voïés ci à côté la postérité.

STEPHANUS Général de l'armée qui deffit & tua Zwentibold Roy de Lorraine en 900, né en 859.

UTHON, Général de l'Empereur Othon né en 901, Commandant l'un des deux Corps qui deffirent les Lorrains à Andernach en 939, marié en 920.

HERMAN, Duc de Suabe, par son mariage avec Thietberge veuve du feu Duc en 926.

ADELBERT, Comte de Mets né environ 905, marié environ 925, tüé par Ido en 944.

GISALBERT 2e. Duc de Lorraine en 916, né environ 890 marié en 927 avec Gerberte fille d'Henri l'Oiseleur, il fut noié dans le Rhin au combat d'Andernach en 939.

FREDERIC Archevêque de Mayence en 937 né environ 891. mort en 954.

THEODORIC EBERHARD Duc d'Alsace de Vorms & de Franconie Comte Palatin du Rhin, né environ 892, marié environ 911 avec Mathilde fille d'Eberhard Duc de Franconie & de Vorms, 1er. Comte Palatin du Rhin, lequel mourut ensuite en Lorraine environ 928. après avoir adopté Theodoric pour son heritier universel, sous la condition de porter le nom d'Eberhard; Or Mathilde étant morte peu après, Theodoric se remarit en 929, & puis il fut tüé au combat d'Andernach en 939.

OTHON Comte de Verdun né en 893, marié avec Eve en 914. Tuteur du Duc Henri & Regent de Lorraine depuis 939, jusqu'en 943, qu'il mourut sans postérité.

REYNIER au long col, Comte de Haynault né environ 894, marié en 916. Il a été la tige des Comtes de Haynault, Louvain, Brabant, & des Landgraves de Hesse &c.

RICUIN Duc de Moselle & Comte d'Ardene né en 896, marié en 920, assassiné en 945.

OTHON né environ 922, lequel plusieurs prétendent avoir été le Tuteur du jeune Henri fils de Gislibert, il mourut & 2°. en 956. mort en Italie en 943.

GODEFROY LE BARBU né environ 926, Général des troupes Lorrains en marié 1°. en 945 mort en Italie en 964.

IDA, qui epousa Lidolfe fils d'Othon.

BERTHE qui epousat Eberhard Landgrave d'Alsace.

GERARD né en 921, tüé à la prise de Badiliki en 937.

UTHON né en 924, Evêque de Strasbourg en 950, mort en 965.

EXTRAIT SUR *GUNDLINGIUS* Tom. 2. pag. 66.

Quamvis Herimanno in Ducatu Luidolfus Imperatoris filius ex adoptione & matrimonio filiae suae successit, constat tamen quod Herimannus ex postrema quam habuit conjuge, Regulinda nomine Alaricum filium natum qui Patri diu supervixisse intelligitur: Saltem Annales Eremi & vita sanctae Vibordae tradiderunt diserté.

CONRAD dit LE SAGE quoique peu sensé, né en 912, marié en 931. avec Placide fille du feu Empereur Louis 4e. Il fut victorieux avec son Consanguin Uthon, contre son Oncle Gisalbert & son propre Père Theodoric Eberhard, tüé proche d'Andernach en 939, & il succeda pour lors au Duché de Franconie & de Vorms & au Palatinat du Rhin: Ensuite après la mort d'Henri Duc de Lorraine & de son Tuteur Othon, il succedat au Duché de Lorraine & il se mariat en seconde nopces en 947, avec Liitgarde fille de l'Empereur Otton, il fut ensuite expulsé du Duché de Lorraine par les Lorrains animez contre lui, de même que l'Empereur, puis aïant fait la paix miserablement avec ce dernier, il fut tué en 955, combattant au mieux pour son service, à la tête des Franconiens qui l'enterrerent à Vorms.

ADALBERON né en 913. Evêque de Mets en 929. mort le 26 Avril 964. Sigebert dit de lui, qu'il étoit *Nobilium Christianissimus, & Christianorum Nobilissimus, erat quippe frater Frederici Ducis.* En effet il resista seul à l'Empereur Otton après la deffaite d'Andernach & il fit obtenir peu après une paix très avantageuse à tous les Lorrains, puisqu'ils conserverent la garde de toutes leurs Places, en ne reconnoissant pour ainsi dire l'Empereur presque, que de nom.

FREDERIC né en 930. Comte de Voivre, de Brie & de Longwy, marié en 954. avec Beatrix soeur d'Hugues Capet, par la suite Roy de France. Il fut fait apparemment Duc de Lorraine à l'occasion de l'expedition de Conrad le Sage en 953. Ensuite il bâtit le château de Bar, sur le terrain de l'Evêque de Toul qu'il acquit, & il mourut en 990.

GERARD 1er. Comte de Mets, né environ 954, marié environ 976 avec Eve de Bouzonville né en 915, mort de l'Empereur Henri 2e. mort en 1026.

ADELBERT Comte de Mets, Duc titulaire de Lorraine, fondateur de l'Abaye de Bouzonville né en 955, marié environ 978, avec Judith fille de Godefroy le barbu Comte d'Ardenne, il mourut en 1037. âgé de 81. ans.

SIGFRID né environ 985 mort en 1017.

EBERHARD Landgrave d'Alsace, né environ 911, avec Berthe fille d'Adelbert Comte de Mets, marié environ 931 Fondateur de l'Abaye d'Altoff en 960. Il mourut en 966, & fut enterré dans l'Eglise d'Altoff avec sa femme *In suavo Chors.*

GERARD 2e. Comte de Mets & Landgrave d'Alsace né environ 982, marié environ 1007 avec Giselle fille d'un 1er. lit de Giselle Reine d'Hoagrie soeur de l'Empereur Henri 2e. dont il eut onze enfans, il l'avoit engrossée préalablement & mourut environ 1046.

GERARD 3e. Landgrave d'Alsace né environ 1016, marié environ 1045 avec Hadwide Comtesse de Namur. Il fut fait Duc de haute Lorraine en 1048 par l'Empereur Henri 3e. & tous les Princes Lorrains d'aujourdhui descendent incontestablement de lui. Il mourut en 1070.

THEODORIC Landgrave d'Alsace & Duc de Lorraine, né environ 1056, marié en 1096, avec Gertraud fille de Robert le Frison, Comte de Flandre, veuve de Henri 3e. Comte de Louvain, il mourut en 1115.

GERARD Comte de Vaudemont, marié avec Hadwige Comtesse de Dachsbourg.

HENRI Comte d'Egisheim & de Dachsbourg né environ 1030, marié environ 1050.

GERARD né environ 1052, massacré en 1059, chez l'Evêque de Strasbourg.

OTHON Duc de Franconie & de Vorms, jugé du 1er. lit de Conrad & non du 2e. puisque dans ce dernier cas se trouvant le petit fils de l'Empereur Othon, il l'auroit aidé pour succeder au Duché de Lorraine, ce qu'il ne fit point & par conséquent il est supposé né en 932 & marié en 952.

HENRI ou HEZEL, Duc de Franconie, né en 954. marié avec Adelaide fille d'Eberhard Landgrave d'Alsace en 976.

BRUNO, né en 955. Evêque de Verdun en 976. Pape dit Gregoire V, en 996. mort en 999.

CONRAD, Duc de Vorms, né en 966, marié en 997 avec Mathilde fille d'Herman 2e. Duc de Suabe, mort en 1012.

WILHELM, né en 968. Evêque de Strasbourg, en 1028, mort en 1047.

CONRAD LE SALIQUE, Duc de Franconie &c., né environ 978, marié avec Gisele Veuve d'Ernest Duc de Suabe en 1016. fait Empereur en 1024, mort en 1039.

CONRAD LE JEUNE, Duc de Vorms & ensuite de Carinthie né environ 998, il fut Concurrent à l'Empire avec son Cousin Conrad le Salique & mourut en 1039.

HENRI 3e. dit le Noir, Empereur, né en 1017, marié 1°. avec Cuniguede en 1037. 2°. avec Agnès en 1039. mort en 1056.

HENRI 4e. Empereur, né en 1051, marié 1°. avec Berthe en 1067 2°. avec Adelheit en 1088, mort en 1106.

CONRAD fait Duc en basse Lorraine en 1076. après la mort de Godefroy le bossu, dernier de la race des Godefroy d'Ardenne, descendus de Ricuin, il en fut expulsé en 1092, par Godefroy de Bouillon & avec Mathilde, passa pour lors en Italie, où on le fit Roy contre son Père. Il fut empoisonné en 1101.

HENRI 5e. né en 1081. Empereur en 1106, marié en 1114. avec Mathilde, mort en 1125. sans posterité.

FREDERIC né en 956, marié en 978, mort en 984.

ALBERT Comte de Voivre de Brie & de Longwy né en 964. marié en 993 avec la soeur ainée de Conrad le Salique.

THEODORIC Duc de Lorraine né en 983, il s'affranchit de la Régence de sa grand Mère Beatrix en 1011. se mariat en 1012 avec Mathilde veuve de Conrad Duc de Vorms, & mourut en 1029.

LETHARD Comte de Voivre de Brie & de Longwy, né en 994. marié en 1013.

FREDERIC Duc de Lorraine en 1029, né en 1018. il mourut mineur, sans avoir été marié & en 1047. fut succedé par Godefroy en 1047.

ALBERT MANEGAUD Comte de Brie né en 1016.

SIMON 1er. Duc de Lorraine en environ 1098, marié environ 1118 avec soeur de l'Empereur Lothaire 2e. Il mourut en 1139.

THEODORIC né environ 1100, Landgrave d'Alsace, fait en 1128 Comte de Flandre & d'Artois, il mourut en 1164.

GERARD né environ 1102. Il fut Successeur aux biens d'Alsace & à la branche d'Egisheim en 1128.

LOUIS Comte de Dachsbourg, né environ 958, marié environ 979, Corregent de Lorraine avec la Duchesse Beatrix en 1005, mort en 1006.

ADELAYDE née environ 959, mariée 1°. avec Henri Duc de Franconie en 976 & 2°. avec Herman Comte de Hohenlohe en 1006. avec Sigfrid & Eberhard.

HUGUES Comte de Dachsbourg & d'Egisheim, né environ 980, marié en 999 avec Helwide Comtesse de Calw.

GERARD né en 1000, marié en 1021. avec la niepce de Rodolphe Roy de Bourgogne transjurane, il fut tué dans un combat contre le Seigneur de Ribeaupierre.

HUGUES, né en 1001, marié en 1028.

BRUNO, né en 1002, fait Evêque de Toul, ensuite Pape en 1048, sous le nom de Leon IX, mort en 1054.

HENRI Comte d'Egisheim & de Dachsbourg né environ 1030, marié environ 1050.

GERARD, né environ 1052, massacré en 1059, chez l'Evêque de Strasbourg.

GERARD, HUGUES, né environ 1055, massacré en 1089, chez l'Evêque de Strasbourg.

GODEFROY Comte d'Ardenne & de Verdun né environ 946, marié environ 970, avec Mathilde Comtesse de Saxe; Il deffendit Verdun en 984 & fut pris prisonnier & conduit en France; Il mourut en 1005 laissant 5 enfans mâles.

GODEFROY Comte de Verdun, né environ 976, fait Duc en basse Lorraine en 1005 mort en 1019, haute Lorraine en 1034 marié en 1004, mort en 1044.

GOTHELON né environ 980, fait Duc de Verdun en basse Lorraine en 1019 & en haute Lorraine en 1023 & en 1034 mourut en 1038.

ADALBERON Evêque de Verdun.

GODEFROY né en 1005, jugé incapable, mort sans postérité.

GODEFROY né en 1009, fait l'Empereur la basse Lorraine en 1045, dont n'étant plus content il s'emparat encore de la haute, & fut tué en 1047. Al. hert de Longwy, qui en étoit investi; mais l'Empereur le dépouillat en 1045 des deux Lorraines, & investit de la haute Gerard d'Alsace 3e. du nom, & de la basse Frederic de Luxembourg; Or Frederic étant mort en 1065 Godefroy rentra peu après dans la basse & en jouit jusqu'à sa mort en 1070. Il avoit epousé Beatrix veuve du Comte Boniface d'Est.

FREDERIC né en 1009, fait Pape dit Stephanus, en 1056, mort en 1058.

GODEFROY LE BOSSU, né environ 1035. Duc de la basse Lorraine en 1070, mort en 1076. Il avoit epousé Mathilde d'Est fille de Comte Boniface & de Beatrix; mais il n'en eut point d'enfans, il fut succedé au Duché de basse Lorraine par Conrad fils d'Henri 4e. 1092.

IDA née o 1036. mariée à Eustache Comte de Boulogue dont naquit Godefroy de Bouillon & etr'autres qui expulsat Conrad de basse Lorraine en...

SIGEFROY 1er. Comte de Luxembourg né environ 947. marié avec Hadwige en 975. Il devint Comte Palatin du Rhin, & mourut en 998 laissant 7 enfans. Il fut enterré à St. Maximin.

JUDITH née en 962, mariée avec Adelbert Comte de Mets & Duc titulaire de Lorraine en 978.

CUNIGUNDE née en 976, mariée à Henri de Saxe Duc de Bavière fait Empereur en 1002.

HENRI né en 982, Cte. Palatin du Rhin, fait Duc de Bavière en 1005, mort en 1048 & enterré à Trèves.

THEODORIC né en 984, fait Evêque de Mets, il se lignat avec ses frères Henri, Adelbert & le Cte. Welf contre l'Empereur.

ADELBERON né en 986, intrus dans l'Archeveché de Treves dont l'Empereur ne put pas le debusquer entièrement.

IRMANGARD née en 989, mariée au Comte Welf qui devint par la suite Duc de la basse Bavière.

GISLIBERT né en 994, marié environ 1018. Comte de Luxembourg.

FREDERIC né en 996, Comte de Luxembourg fait Duc en basse Lorraine en 1048.

CONRAD né en 1021. Il prit prisonnier l'Archevêque de Treves & fut excommunié par le Pape & obligé d'aller à Jerusalem où il mourut laissant un fils.

HERMAN Comte de Luxembourg, né en 1044, Concurrent à l'Empire contre l'Empereur Henri 4e. & nommé KNOBLOCH par ses Electeurs en 1081; Il gagna plusieurs batailles, mais à la fin affoibli par la defection des Saxons, il se retira près de Treves, où il fut assommé au pied d'une Tour par une femme, comme Abimelech & son corps transporté à Mets, où il fut enseveli honorablement dans le tombeau de sa famille en 1088. Henri l'aveugle Comte de Namur lui succedat au Comté de Luxembourg.

AVERTISSEMENT.

Cette branche généalogique de Luxembourg, paroitra sans doute defectueuse si l'on la compare avec celle du Tom. V. de Dom Calmet, où l'on suppose que Sigefroy 1er. Comte de Luxembourg étoit un fils de Ricuin; Mais comme il est sur que ce Sigefroy étoit frère de Judith femme d'Adelbert Duc titulaire de Lorraine, il s'en suit qu'il ne pouvoit pas être le fils de Ricuin, mais son petit fils, car Ricuin étoit mort l'an 945 & cette Judith vivoit en 1037, ainsi qu'en font foi deux Chartres de Treves de cette année là. J'avoue cependant qu'il y auroit bien des recherches à faire pour representer bien exactement toutes les branches collaterales de la Maison de Lorraine, mais comme cela n'est pas necessaire pour justifier la descendance originaire des Princes Lorrains d'aujourdhui qui fait l'objet de ce travail, j'ai crû devoir laisser ce soin à d'autres qui pourront avoir pour un tel effet plus de facilitéz que moi. D'ailleurs voïez le Mem. histor. & Crit. de l'Auteur.

ERRATA.

Pag.	Lig.	Fautes.	Corrections.
3	7	diverses autres	divers autres
4	9	raporté au	raportez au
5	7	Bayone,	Bayon
5	19	pourroit,	pouvoit
7	3	Eberhard, on va	Eberhard, comme on va
7	17	*Solativo*	*Solatio.*
8	4	ledit Conrad	ce Conrad
8	6	d'Avita,	d'Avitæ, lig. 8. de même
8	17	Conrad le Sage	Conrad, dit le Sage,
8	18	Apparement	Apparemment
9	19	ils ameutérent	ils s'ameutérent
12	5	*Lothardos*	*Lotharios*
12	11	*juflitia*	*juflitiæ*
14	4	tour. Au moïen	tour & au moïen
16	21	de ces places	de fes places
19	16	à Slarendon	à Slawedon
21	15	Conrad. Ils avoient	Conrad & ils avoient
22	16	forte armé	forte armée
23	8	*Regia*	*Regiæ*
24	15	*aliquando*	*aliquanto*
24	15	*Cuftodia*	*cuftodiæ*
25	9	prochain, de mettre	prochain & de mettre
26	6	Apparement	App remment
26	19	pour femme, fa fille	pour fa femme fa fille
27	11	fon fis	fon fils
28	10	en 963.	en 953.

Pag.	Lig.	Fautes.	Corrections.
28	21	latibulum Deo	latibulum femper, Deo
		Transp. des pages 30 & 31 à la place l'une de l'autre	
31	16	s'il n'y pas	s'il n'y a pas
33	3	*injufti*	*injufté*
33	13	il la decide	il le decide
33	18	l'oppinion	l'opinion
34	2	par conféquent de	par conféquent pas de
35	1	Theodoric en	Theodoric & en
35	11	&c. &c. Dans	&c. & dans
35	20	Gilfelbert	Gifelbert
37	9	fueret	foveret
38	10	mentionez	mentionées
40	17	du nom de leur	du nom, leur
41	N.	apparement	apparemment
42	7	Carte	Chartre
43	3	Hongury	Longwy
43	17	Pert	Port
45	13	Caftra	Caftro
47	9	Gerad	Gerard
47	18	etabliés	établies
48	10	reconnus	reconnu
48	17	Hinange	Linange
48	18	etoient	etant
50	9	faifoit	fairoit
52	3	laies	laïcs
53	8	St. Arnauld	St. Arnould, lig. 13. de même.